伝道ブックス87

誕生と往生

本多　雅人

目次

【凡例】

・本文中の真宗聖典とは、東本願寺出版（真宗大谷派宗務所出版部）発行の『真宗聖典』を指します。

■「誕生」っておめでたいですか？

これから、「誕生と往生」について、尋ねていきたいと思います。まず「誕生」に関連して言えば、親鸞聖人《しんらんしょうにん》の「誕生会《たんじょうえ》」を勤修《ごんしゅう》されているお寺というのはあまりないのではないかと思います。「花まつり」としてお釈迦様の誕生日は勤められますけれども、真宗門徒と言いながら親鸞聖人の御誕生の日を知らないご門徒も多いのではないでしょうか。最近は四月八日のお釈迦様の誕生日すら大変危うくなっております。今では、真宗門徒でも一番知っている偉大な宗教者の誕生日といったら、イエス・キリストではないでしょうか。十二月二十五日であると誰でも答えられるということは、これは一体どういうことなのでしょうか。先日、ある聞法会で「親鸞聖人の誕生日はいつでしょうか」と尋ねてみたら、皆さん下を向いておられました。史実としてははっきりしていませんが、親鸞聖人の御誕生の日は四月一日と言われています。

今日の講題を見てびっくりした方もおられると思います。「誕生」は一般的に言うと、おめでたいことと思っています。それから、「往生」というとなんとなく死ということが漂います。この相反する「誕生と往生」がどういうことなのか、きちんと向き合っていきたいと思うのです。

実は仏教の眼に照らすと、「誕生」ほど暗いものはないのです。「往生」が明るいのです。「往生」は「生まれ往《ゆ》く」と書きますから、「生まれる」ということに関係しています。この場合の「生まれる」とは私たちに何を投げかけているのでしょうか。お寺に来て聞法するということは今までの自分のものさしが問われるということですから、何か大切な、それこそ人間の歴史の苦悩の中から生まれてきた仏教という教えに尋ねていかなければなりません。つまり「誕生って本当におめでたいですか?」という問題です。実は「誕生」という問題はけっしておめでたいものではないということです。逆に「往生」がとても明るいことなのです。そういうことをひとつお話ししてみたいと思います。

■縁によって生まれる

まず、「誕生」がなぜ暗いかということについて、今日は娘の誕生日なのですが、朝から会っておりませんのでメールで「おめでとう」と書きました。やはり、生まれたことに対して「おめでとう」と言うのです。誕生したことを本当に喜べることに出遇《であ》った時に、「おめでとう」と言えるわけで、「往生」がそのことと関係しているのです。しかし、「往生」が死を連想させるイメージが強いので、往生ということと、おめでたいということがなかなか繋がってこないのではないでしょうか。

仏教の基本ですが、私たちのいのちの有り様というのは「生老病《しょうろうびょう》死《し》」です。四苦《しく》ともいいますが、これは生まれることが苦しみであり、老いていくことも苦しみ、病気になることも苦しみ、死んでいくことも苦しみだと。この老病死は苦しみというのはわかるのです。では、生まれることがどうして苦しみなのか、それは、自我分別《じがふんべつ》をもって生まれてくるからです。オギャーと生まれた時は、純粋ないのちの叫びですが、成長するにつれて、分別が顔を出してきます。分別する心は、自分にとって都合のいいものを受け入れ、都合の悪いものは受け入れられないという構造をもっています。生老病死といいますが、老病死は受け入れがたいものですから、老病死の苦しみは、生まれてくることの苦しみが根底になっているのです。迷いをもって生まれてきたと言ってもいいでしょう。

また、生まれてくるといいますが、自ら選んで生まれてきた人は一人もいないのです。縁によって生まれたのです。ですから、まず親を選べないでしょう。これは最初に有る人間関係が親ですから、人間関係の基本ですし、いいも悪いも引きずるわけです。親による影響力が大きいわけです。自分の顔も、親も選べないのです。

時代も選べません。もし私が大正、明治時代に生まれていたら、「お国のために」と、戦争に行った可能性が高いですね。戦争に行くことが善である時代です。今は、戦争をすることは悪ですね。時代によって、人間が立てた善悪がまったく違ってしまうわけです。このように時代も選べないのです。また、日本人であることも選べませんね。

それで、親も時代も環境も選べない中で、私の場合は寺に生まれました。坊さんの家に生まれたのです。別に好んで生まれたわけではないのです。ある時にはお寺のお坊ちゃんと言われて周りから持ち上げられたりもしました。天皇陛下とまったく同じ一九六〇年二月二十三日生まれなのですが、当時は、「浩宮《ひろのみや》様と一緒の跡継ぎさんで…」などと言われて、どういうわけか褒められたりしたわけです。ところが、ある程度成長していくと、友だちから「お寺は、人が死んだことをいいことにお金儲けしている」ということまで言われたのです。確かに人が亡くなるとお布施をいただきますから、なまじ反論できないこともありました。また、学校の先生から注意される時も、「お前の家、寺だろう。坊さんの息子のくせに」と言われたりもしました。

皆さんもサラリーマン家庭に生まれたとか、老舗《しにせ》の家に生まれたとか、その中でいろいろなことがあったのではないですか。いいこともあり、とっても辛いこともあったと思います。つまり、白紙で生まれてきたのではないのです。しがらみの中で迷いをもって生まれてきているのです。

だから私は寺が嫌で嫌でしょうがないから、高校の教員になってそのまま逃げ切ろうとも思ったのです。その中でいろいろな縁があって、自分の人生を受け止め直すことになりました。どうして受け止めることができたかは、今日の本題ではないので割愛しますが、この受け止め直したということと、「往生」という問題が非常に密接に関連しているのです。くり返しますが、生まれるということは「苦」なのです。少しもおめでたくないです。そうではないですか。亡くなると御愁傷様と言いますが、事実は生まれた時が御愁傷様ではないでしょうか。一応、おめでたい時におめでたい場所で、おめでたくないとは言いません。子どもが生まれたら「おめでとうございます」と言いますけれども、本当はおめでたいかどうかはわからないですね。

生まれることに問題を抱えているということは、仏教だけではなくて西洋でも言います。ルソーという有名な思想家がいますが、「人間は二度生まれる」のだと。一度目は生存するために存在として生まれてくる。二度目は人間として生きるために生まれてくると。現在では疑問視されている逸話でありますが、昔、オオカミに育てられたアマラとカマラという名前の少女がいました。オオカミに育てられると、四つん這《ば》いに歩き、言葉もしゃべれなくて、相手を見ると吠《ほ》えて威嚇《いかく》したといいます。ですから人間教育というのは大切なことなのでしょう。ただ、仏教では、存在そのものの尊さを説きますから、それを見失っての教育ということであれば、必ず問題が生じてくることも気をつけたいところです。つまり、こういう人間はすばらしい、こういう人間ではだめだという社会通念が先行してしまうと、差別が生じるわけです。存在の尊さが捨象《しゃしょう》されてしまうわけです。

■自我意識より深いところに

それで、西洋では本当に人間が人間になるということはどういうことかというと、少し言葉がむずかしいのですけれども、「自己を確立すること」であると。理性とか知性が絶対的に大切で、何でも判断できて行動できる自我を確立することが自己を確立することで、大人になることであり、人間になることなのだと。これが西洋の捉《とら》え方です。

私も社会科の教員でしたので、学校の授業でも「アイデンティティ（自己同一性）の確立」という言葉で、自我による自己の確立が大切と教えていましたが、それは間違いでした。仏教は自我ほど危ないものはないと言っているのです。

自我意識を自分だと思い込んでいる現代人は、なかなか仏教の教えに耳を傾けません。仏教の教えが聞けるという状態は本当に追い込まれた時だけです。自我分別では間に合わないという時だけです。自我は「自分の思い」と言ってもいいと思いますが、自分の思いが問に合っているうちは絶対に聞こえてこない教えなのです。

ですから、〝仏教の教えは、世間の価値観に合わない。通用しない。世の中は、仏教の教えと違うところで動いている〟と思っている人が大多数なのです。そういう人は仏教の教えを聞けないのです。しかし、必ず自分の思いが間に合わないことがおこります。今日領けなくても、そのうち身に響いてくるということがおこるかもしれません。でも、聞いて領いたとしても、一歩外へ出るとみんな忘れてしまいますね。それほど私たちの思い、執着というのは強いのです。仏教ではこの自我のことを「自力《じりき》のこころ」とか、「日ごろのこころ」という言い方をします。

『歎異抄《たんにしょう》』では、

日ごろのこころにては、往生かなうべからず

（第十六章・真宗聖典六三七頁）

とあります。「日ごろのこころ」というのは自我分別、自分の思いです。わかりやすく言うと、自分の思い通りにしたいというこころです。そういうこころでは往生はできませんと言っているのです。安田理深《りじん》先生は、「自己だと思っていたのは、自我であった」と、おっしゃっておられます。つまり、これが自分だと思っていたのが、ただの自分の思いにすぎなかったということです。

日本でも人間の自我を絶対視して、自分で判断し、行動し、分別ができるのがしっかりした人間なのだという西洋的価値観を無疑問的に容認していますが、本当にそうなのでしょうか。一方では人類史上最も非人間化した時代が現代であるという指摘がなされる場合も少なくありません。

実は「自己の確立」の内実は何かと言うと、社会集団の中で自覚され、評価される社会的自己のことなのです。ですから、現代人は共同体の固有の価値観に自己を同一化し、その中で様々な社会的役割を積極的に引き受けることによって自己を確立しようとするのです。責任を担うことは生きる意味を感じ、それで自分の存在を受け止めようとするのですが、それは自己そのものではないのでしょう。外にあるものを自分としているだけです。立場を生きていると言ってもいいでしょう。現実は自分が存在する理由がわからないのではないでしょうか。むしろ、現代人は存在根拠を失っているところに、孤独・虚しさ・不安といった問題を抱えているのだと思います。

京都の本山・東本願寺の塀に、以前「生まれた意義と生きる喜びを見つけよう」という言葉が掲げられていましたが、「あなたは何で生きているのですか」と問われたら、答えることができるでしょうか？　生まれた意義とは何でしょうか？　一生を貫く生きる喜びとは何でしょうか？　本当は何もわかっていないのかもしれません。生まれた意義も生きる喜びも感じることはあるかもしれませんが、状況によってコロコロ変わってしまうのが私たちの有り様ではないでしょうか。何で生きているのかわからない。実は私もしっかりと答えられないのです。答えをもっているわけではないのです。私たちは死んでいかねばならないのです。死んで逝く身なのに「なぜ生きるのか」、これは一生を通じて問われ続ける人間の根本的課題なのです。何で生きているかわからないし、それを問うこともなく、年を取ると動けなくなって病気になるかもしれないし、死んで逝くのだから、せいぜい楽しいことをやっておきましょうと言うくらいの価値観でしかないのかもしれない、どうでしょうか。なかなか現代の教育を受けた人には難題です。もちろん、自我が全部いけないと言っているわけではないのです。矛盾したことを言うようですが、私たちは、どこまでも自我でしか生きられないのです。しかし、そこに大きな落とし穴があるのです。

仏教が見抜いた人間の本当の願い・本心というのは、自分の思いや自我意識よりももっと深いところにあるということです。その深いところに本当の人間の本心が生き生きと生きているということを見抜いたのが仏教です。「人間の本心」という言葉は曽《そ》我《が》量深《りょうじん》先生がお使いになっておられたのですが、もう一度言いますが、私も含めて、私たちは自我意識でしか生きられない。でも本当はこの自我意識よりも深いところに脈々とはたらいている深い願いの鼓動、いのちの叫びがあるのです。それが人間の本心だと仏教は言い当てているのです。

私は教えを聞いてきて、ここに感動したのです。最初は何を言っているのか、さっぱりわからなかったのです。ところが、何も間に合わない苦悩のところに教えが響いてくるのです。自我はある意味大事です。分別ができない人間というのは怖いじゃないですか。しかし、分別することで人間は苦しむのです。ですから、自我を絶対化すると深い闇の中に入り込んで自分を見失ってしまう、ということを仏教は呼びかけてきたのです。

■七歩歩んだ世界

それで、「生まれた意義と生きる喜び」に関わることが、経典の中にもたくさんの比喩《ひゆ》として出ています。お釈迦様が生まれた時に七歩歩んで「天上天下唯我独尊《てんじょうてんげゆいがどくそん》」と叫んだと伝えられています。生まれてすぐ七歩歩けませんから、これは一つの比喩です。六歩まではけっして言えなかったことが、七歩目ではじめて「天上天下唯我独尊」と言えたというのです。〝この世において私ただ独《ひと》り尊い〟。これは勘違いしやすいのですが、自分だけが尊いということではありません。仏教というのは関係性（縁）の中で人間が存在することを教えていますから、私がここで本当に尊い私だと言えるということは、あらゆる人のお育てをいただいて私があるのだ、という感動です。ですから、自分の上で受け取ってみれば、あらゆる人のいのちも尊いということが含まれています。自分一人とすべての人、つまり、「我と我ら」が矛盾しないのです。

『仏説無量寿経』では「吾当《われまさ》に世において無上尊《むじょうそん》となるべし」（真宗聖典二頁）と表現されています。「無上尊」の「無上」とは、この上ない、つまり、比較を超えているということです。

お釈迦様が生まれてすぐ「天上天下唯我独尊」とおっしゃったのではなく、七歩までの歩みがあります。一歩、二歩、三歩、四歩、五歩、六歩と、六歩までの世界では「天上天下唯我独尊」と言えなかったのです。六歩までの世界を「六道《ろくどう》」と言います。六道は自分の思いの内実、迷いの世界を表現しているといってもいいでしょう。自分の思いというのは地獄《じごく》・餓鬼《がき》・畜生《ちくしょう》・修羅《しゅら》・人《にん》・天《てん》と表現されています。一つひとつの説明は省きますが、天が迷いだとはなかなか思えませんね。天というのは、天にまで昇ったからいいようにみえるかもしれませんが、そんなことはないのです。一流大学に入って天に昇った気分でいたら、自分の思っていたような大学ではなく、つまらない毎日で辞めたくなってしまったという生徒をたくさん見てきました。まさに地獄です。

就職もそうです。例えば、三・一一の原発事故以降、電力会社の社員の方々は大変なご苦労をされています。世間からエリートに見られていたのに、今でも厳しい目で見られたりしています。ちょっと話がずれますが、私も電力会社に批判めいたことを言ってきましたが、福島は別の電力会社の管轄地です。東京都民のために福島が犠牲になっていること に気づかされた時、私にも責任があると教えられました。また、後にふれますが、人間は縁に遇う存在です。自分が電力会社の社員だったらと考えると、縁に遇う存在として、電力会社の人たちと何か通じ合うものが出てくるのです。人間は「善」に迷うのです。自分は正しいという視点で物事を見るのも自我のもつ構造なのです。

話をもどしますが、結婚もそうですね。幸せになりたいと思って結婚したら、姑に苦しめられる日々だったとかね。やっぱり「こんなはずじゃなかった」となるわけです。けっして思い通りにならない。ですから天から地獄へと六道をぐるぐる回って一生を終えていくなら、それこそ虚《むな》しい人生ではないでしょうか。「想定外」という言葉が流行りましたが、人生そのものが実は想定外のことばかりなのです。私たちの自我意識が勝手に想定しているだけなのではないでしょうか。

人生はいい時もあるし悪い時もあるということを仏教が言っているのではありません。すべてが苦に変わってしまうのだと教えています。「一切皆苦《いっさいかいく》」です。いいこともあり、悪いこともあるという、そういう話ではないのです。いいことと思っていることも条件ひとつで苦悩に変わってしまうのです。そういう問題を自我は抱えているのです。

特に現代は、人間を有用性でしか見ていないという大きな問題を抱えています。つまり「人材」という、人間が材料にされているのです。使える人間だけが人間だと。これは先ほどふれた「アイデンティティの確立」の問題に関わります。そうすると人から評価されることに眼が奪われていきます。社会的にどういう立場にあるかが最大の関心事になっていくのです。たまたま社会の時流に乗っかって評価されていれば、とりあえず良かったと自己満足はできます。しかし、自分より評価される人間が現れたら、代わりなどいくらでもいる社会ですから、蹴落とされてしまいます。そういう中で、常に他人が自分をどう思っているのかということに捉われて、自分がわからなくなっていくのです。言い換えれば、評価される自分に苦しめられるのです。さらに老いれば、そもそも誰もが人材から漏《も》れていくのです。老いを受け止められないでしょう。教えに本当に頭が下がれば、「老いもまた尊し」といただけるかもしれませんが、現代の価値観ではとても受け取れないのです。つまり、私たちは何も足さない、何も引かない、何の意味づけも価値づけもしない自分を認めることはできないです。

本当に生まれてきて良かったとどこで言えるのか、本当に生きるとはどこで成り立つのか、なぜ生きるのかということを顕《あき》らかにしていくことが私たちの人生の根本的課題ではないでしょうか。「誕生日おめでとう」だけがひとり歩きしています。ですから、お釈迦様は「六道」から出て、七歩歩いた時に「独尊」だと。はじめて尊いとおっしゃったことは、自分の思いが翻《ひるがえ》ったところに生まれてきた喜びがあるのだと語っているのです。自分の思いが翻るとは、分別する私が無分別の世界にふれたということです。それは意味を超えて、誰もが平等に存在の尊さに目覚めることだったのです。

私たちは自分を尊い存在とはなかなか思えないような環境で生きているのです。「自分なんか死んだって世の中変わらない」と思っていませんか。会社に勤めている人もどうでしょうか。「自分なんか辞めたって会社は変わらないんだ」と。会社から「あなたの代わりなどいくらでもいる」と言われた人も多いのではないでしょうか。ですから「どうせ俺なんか」と虚無《きょむ》感をもってしまいますね。こういう中で私たちは生きざるを得ない。世の中の流れにうまく乗っている時は、自分をごまかせるからいいのです。しかし、私たちはいずれ老いていくし、病気をして、死んでいく身を生きているのです。

■「ありがとう」と言える人生

私のお寺で、門徒さんが仏前結婚式を挙げました。新郎新婦は、お寺の聞法会で出遇ったのです。それで、私が仏前結婚式でお祝いの法話をしたのですが、三つのことをお伝えしました。それは一般の結婚式では絶対に言ってはならない「別れる」「死ぬ」「苦しい」ということです。

なぜ死ぬのかと言えば、生まれてきたからです。私たちは死ぬために生きているのです。今日より明日、明日より明後日と死に近づいていくわけです。でも死が悪いことでも何でもないわけです。死は生の円成《えんじょう》です。そして別れるということ。私は住職を勤めて、今まで一度も夫婦合同葬を勤めたことはありません。夫婦が一緒に死ぬ可能性は〇・一％あるかないかでしょう。事故や天災で亡くなる可能性はあるにしても、一緒に死んだという意識はないのでしょう。要するに別々に亡くなるのです。だから結婚したということは、どちらかが棺に花を入れて「今までありがとう」と相手に言うことになるのです。結婚するということはどちらかが棺に花を入れる約束をするようなものですね。

私の妻が数年前に乳癌になって、転移しているかどうかまだわからなかった時、医者から転移していたら二五％の確率でいのちを落とす可能性があると言われました。最近の医者ははっきり言いますね。聞いている私は二五％が一〇〇％に聞こえてしまうわけです。かなり心配でしたが、たまたま転移してなかったので、おかげさまで今は元気にしておりますす。皆から「良かったね、救われたね」って言われましたが、とりあえず救われたのです。とりあえずと言ったのは、実は先送りにしただけなのです。いずれ死別するのですから、この苦しみはまたやってくるのです。いずれにしてもどちらかが先に亡くなっていくのです。

つまり結婚するということは、きちんと生老病死のいのちを共有して、その中に生きる喜びを感じていくということがなかったら夫婦にならないでしょう。別れるということを言ってはいけない。一般の結婚式は「幸せに」という気持ちがこもっていますから、それはもちろんいいのですが、やはりいのちの厳粛な事実を見ないということではどうなのでしょうか。死ぬということも言ってはいけない。苦しみにふれてはいけない。このことを全部そっちのけにして、とにかく新郎新婦を褒め讃えて、乾杯後は酔っぱらって終わる結婚式のあり方が問われますね。

葬儀の大切な視座は、大切な人が自分の身をもって死んでいく相《すがた》、白骨になっていく相から「生きるとは何か」ということが問われているということです。その問いかけをきちんと受け止めることです。自分の思いが何も問に合わない状況の中で、亡き人が問うてくださっている。そういう時に教えが聞こえてくるのではないでしょうか。

最近は仏教なんかどうでもいいということからか、葬儀も「お別れ会」になっているように感じます。そして結婚式同様、亡き人を褒め讃えるわけです。しかし、「死」を受け止めて、「なぜ生きるか」という人間の抱える根本問題にまったくふれないのなら、それはごまかしではないでしょうか。葬儀で仏教の視座をいただくことなく、人間の思いだけで固めたお別れ会形式の問題はここにあるのです。

あらゆるものは移り変わってゆくのが道理なのです。ですから、私は仏前結婚式で「二人が生活を共にするということは、死を生の埒外《らちがい》におしやってごまかすのではなく、いのちの厳粛な事実をしっかり受け止めて生きていくことを決意するということではないでしょうか。そして死別していくいのちであっても永遠に変わらないものを教えに尋ねていってください。おめでとうございます」とお祝いの言葉を贈りました。
阿弥陀さんのことを「御本尊《ごほんぞん》」といいます。これは本当に尊いことを表しているのです。本当は、どんな自分でも尊い自分だとして頷きたいんですね、人間は。どんなに苦しみに満ちた人生であっても、私の人生そのものは尊かったと、自分の人生に「ありがとう」ということが言えなかったら虚しいですね。六道は思い通りにしたい世界です。思い通りにしたいから都合の悪いことを排除して、都合のいいことを掻《か》き集めれば幸せになれると思っているのではないでしょうか。特に「老・病・死」

にフタをして、「老病死」がまったく見えなくなってしまったのが現代の状況なのです。

■自己満足と自体満足

多くの病院では、患者さんが亡くなった場合、どういうわけか裏の出口から遺体が運び出されます。正面玄関から出ていく時は退院する時だけです。亡くなると裏の出口で黒い車が待機しています。

医師であり作家の徳永進《とくながすすむ》さんにお話を伺いに、鳥取県にある先生が終末医療を行う「野の花診療所」に行ったのですが、週に三人も四人も亡くなる方がおられることもあるそうで、私が訪ねた時もちょうど末期癌のおばあさんが亡くなられた時でした。もちろん私の知らない方なのですが、一緒に見送ってくださいと言われて、「南無阿弥陀仏」と手を合わせました。見送りの人たちがとてもなごやかな表情だったのを印象深く覚えています。

見送りの人たちはこの病院で共に生活した職員や患者さんたちで、ご遺族の方が「うちの母は波乱万丈の人生で最期は肺癌で苦しみましたが、皆さんと楽しいひと時を過ごせて本望でした。ありがとうございました」と挨拶されると、みんな拍手したのです。「楽しいひと時」とは刹《せつ》那《な》的なことではなく、老いて病気をしたまま、今ある自分を受け止めて生きたという証です。ご遺族の方は、尊い一生だったと頷かれたのです。

これこそ「おめでとう」と言える世界です。

この六道の世界、思い通りにしたい世界は自己満足にすぎないのです。それに対して七歩目は自体満足の世界です。言葉をかえて言うと、自己満足の世界は自分の思う通りにならないことを受け止められないのです。私たちは、自分の目先の生を思い通りにしたいということばかり考えているのではないでしょうか。

多くの宗教の現実をみてください。思い通りにしてあげますよって言う宗教が流行っているのです。真宗がなぜ流行らないかわかりますか？真宗は思い通りにしたいという迷いを照らす教えで、思い通りにさせてくれる教えではないからです。でも、念仏を称《とな》えながら思い通りになるよう頼んでしまってはいませんか。合格祈願する人を適《かな》える宗教は、他の人は落ちろとでもいうのでしょうか。戦争で勝つための必勝祈願ともなれば恐ろしいことです。そんな都合のいい神・仏はいるのでしょうか。

だけど普段からそういうことに慣れてしまっているから、末期癌になると「うちの宗教に入ると奇跡が起きて癌が治ります」と勧誘されると、藁《わら》をも掴《つか》む気持ちが強いと入信してしまうのではないでしょうか。でも治ることはありません。すると、「あなたの信心が足りない、あなたのお布施が足りない、あなたの努力が足りない。自己責任です」と言われます。言われた方は〝神も仏もありゃしない〟です。これは取引ではないですか。人間の思いで作った神や仏など最初からいないのです。

そういうところで世の中が動いている。虚偽です。だから世の中のことは「そらごとたわごと」（『歎異抄』後序・真宗聖典六四一頁）だと親鸞聖人はおっしゃっているのです。

七歩の世界を「浄土《じょうど》」と表現するならば、自分が受け止められない世界（六道）を「穢土《えど》」といいます。自分の思いに沈んでいる。自分が受け止められないから、愚かな凡夫の世界です。もっと言えば、愚かな凡《ぼん》夫《ぶ》とすら気づいていない世界なのです。お釈迦様が七歩歩んだ世界は、どんな自分であっても尊い自分というのを失わない。平たく言うと、「悲しみ苦しみがあることが生きるということ」なんだと。この苦悩のいのちを堂々と生きていくことを阿弥陀さんの教えを通して覚《さと》られたのです。

親鸞聖人が開いた「安心して迷える道」

皆さんが帰敬式《ききょうしき》（おかみそり）を受式して、いただく法名《ほうみょう》の一番上には何という字がありますか？　お釈迦様の「釈《しゃく》（釋）」ですね。なぜ「釈」の字が付いているのでしょうか。私の法名は「釈徹照」です。親鸞聖人は「釈親鸞」です。お釈迦様の「釈」の字が付く。なぜでしょうか？　お釈迦様の人生の課題と私たちの人生の課題が同じということなのです。お釈迦様は社会的地位が高く、富と名声のすべてをもっていた人です。釈迦族の王子ですから、将来は王様になることを約束されていたのです。そうであっても、老いてゆく身であり、病気をする身であり、また、最後は死んでいかなければならない身の事実に気づかれたのです。

愛する人と別離していかなければならないし、求めても得られないものがたくさんあります。嫌いな人とも会わなければなりませんし、様々な苦悩が生まれてしまうということも避けられません。

本当に富や社会的地位が究極的に自分の最も大事なものなのか。災害がやってきた時に「私は一流企業の社長だぞー」と言っても、何の力にもなりません。一体何を依り処に生きることが本当に生きたことになるのか、ということを課題にされたのがお釈迦様です。そしてどんな状況であっても、「かけがえのない私」であるという、存在の尊さを失わない道を示したのがお釈迦様の救いの内容なのです。

皆さん、どうですか。困りましたねぇ。生活に追われ、迷い深い私たちが七歩目の世界（浄土）に行くことはできません。例えば、もう腹を立てるのをやめようと思ってみても、腹が立つような出来事に出くわしたら、頭でやめようと思っていても先に腹が立ちます。ですから、縁次第ではそうはならないのが人間存在の悲しみです。私たちは縁に遇う存在、つまり「業縁《ごうえん》存在」なのです。これが人間の共通点です。それも生活をしていれば、次々と問題が出てきます。七歩の世界、つまり浄土は私たちにとって、こちらから橋がかからない世界なのです。救われがたき身であります。

ところで、親鸞聖人は二十年間も比叡山《ひえいざん》で修行しました。つまり出家《しゅっけ》です。家を出ると書きますが、家とは生活です。日常生活に留まっているとなかなか覚れないので、生活を捨てて覚りを得ようというのが出家なのです。真宗門徒は意外と出家を軽視しているような傾向がありますけど、出家するということは、人間のもつ自我意識が危ういことを痛感していたからです。ただ、出家しても、人間の迷いは消えないことを身に沁《し》みて感じとっておられたのが親鸞聖人なのです。親鸞聖人は、迷いが深い人間は、浄土に行けないと。言葉をかえると、救われない身なのだと言われます。つまり、人間存在のありのままの事実に嘘をつかなかった最初のお坊さんと言っても過言ではないのです。親鸞聖人は「業縁存在」たる人間をごまかさなかったことです。どんな悲しみも喜んで現実を受け止められる人はいますかね？　親鸞聖人は人間存在の悲しみをごまかさなかった。受け止められないということです。ごまかさないけれども救われないならば絶望です。自分の思いでは絶望だけれども、浄土からの呼び声を聞くことはできます。

親鸞聖人は、私たちからは浄土に橋がかからないからこそ、浄土から私たちを照らし呼びかけてくださることを通して、浄土を依り処として生きる道を開いてくださったのです。曽我量深先生は「(阿弥陀)如来は我なり。我は如来にあらず。如来、我となって我を救い給う」とおっしゃっておられます。

苦しみ悲しみはなくならないのです。苦悩がなくならないのが現実ならば、その道を歩いていけるような、浄土からの呼びかけに目覚めてい

くことです。それは自我が翻ることであり、自我分別をもった罪悪深《ざいあくじん》
重《じゅう》の凡夫であったことを自覚することです。自覚することで、苦悩と真
向かいになって生きていく本願の意欲が与えられるのでしょう。本願が
南無阿弥陀仏と言葉になって、迷いの私を照らし出し続けるはたらきの
世界を「浄土」と言うのです。阿弥陀さんの世界ですね。自体満足が与
えられる。このことを先ほど人間の本心という言葉で表現したのです。
自我意識というのはなくならないし、苦悩し迷わざるを得ない私たち
ですが、その迷いの上に阿弥陀さんの本願がはたらき出るのです。自我
意識よりももっと深いところに本願が生き生きとはたらいているのです。
私たちは生活から出られない、しがらみがあるから苦しんでいるので

す。

ですから、苦しみ、悲しみの現実に帰れと、親鸞聖人は言われたのです。救われがたき身の私だけれども、浄土からの呼び声が聞こえてくることで、現実を受け止めて生きることができるのだと。自分の努力によって覚りの世界に行こうという仏道から、本願に呼びかけられて、生活の苦悩を通して、本当の自分の願いに気づかされていく仏道を開いたのが親鸞聖人です。

私の言葉で言いますと、それは「安心して迷うことができる道」に立つということなのです。安心してというのは、自分の思いを破って願いに生きんとする呼びかけをもっているから言えるのです。人間は自分の思いよりもっと深い本当の、真実の眼に出遇いたいのです。その眼を「如来」というのです。本当・真実（如）がこの私に来るのです。つまり、人生を如来の眼から見直す世界をいただくのです。迷いは消えないけれどもいつもその迷いに気づいて、「ああ、愚かな凡夫だったな。本当に愚かだった」ということに頭が下がって、自分の人生を尽くして生きる道が開かれることです。これが親鸞聖人の歩まれた仏道です。それは存在の尊さに目覚めて生きるということなのです。

■関係性の崩壊した現代

現代は知識ばかりが優先され、関係性が崩壊してしまいました。三つの関係性が分断されています。「時間」「空間」「仲間」が喪失された、「三間《さんかん》喪失の時代」と言われています。若い人たちは、友人と会話するのが不慣れで大変気を使うそうです。「時間」というのは、時ですね。自分が人と真の関係性が開かれる時がない。場もない。だから真の「仲間」もいないのです。すべて知識優先です。すべての知識がインターネットなどで手に入る。ですから関係性の中で教えられたりすることはないし、自分で考えることもほとんどないのです。

葬儀事情をみているとよくわかります。葬儀も全部葬儀社に任せてしまいます。お金を払えば何でもやってくれるのです。任せてしまえばいいのです。昔は生まれるのも家、死ぬのも家だったので誕生と死が生活の中にあったのです。誕生も死も皆で関わっていたのです。関係性の中でお育てをいただいていたのです。

このように、お金を払ってやってもらう世の中になってしまったのです。そうすると、生まれるのも病院、死ぬのも病院か介護施設。死んだら葬儀社さんに預けて冷凍庫です。私は門徒さんに、できるだけご遺体は家に安置してくださいと呼びかけています。そして遺体、特に顔をよく見てくださいと言うのです。顔を見るということは、亡き人の尊い一生を本当に受け止める縁をいただくということなのです。そして亡き人から逆に自分自身の人生が問われてくるのです。こういう時間が省《はぶ》かれてしまうのです。全部関係性がなくなった観念的な世界になってしまいました。遺体を見る時間はほとんどないどころか、手間が省けて良かったと思う人も少なくないのです。お金を払って専門業者にやってもらう社会ですから、それに疑問すら感じないのです。

情的に言うと、亡き人の遺体が傷まないよう冷凍庫に入れれば安心と考える人もいるかもしれませんが、一週間遺体を布団の上に安置してドライアイスで対応するだけでも傷みません、大丈夫です。私の父は猛暑の夏に亡くなりましたが、八日間そのように安置して、まったく傷みませんでした。六日目に目の下が若干へこんできましたが、ちょっと手を入れて化粧みたいなことをしたら元通りの顔に戻りました。

現代は手をかけない合理的な時代になってしまいました。家族の役割すらほとんどなくなってしまいました。最近結婚しない人が多い理由のひとつに、家庭をもっても仕方がないということがあります。むしろ相手がいることが煩《わずら》わしく、一人でも生きていける環境が整っているからです。昔はテレビ一台、電話も一台しかなかった時代です。電話であれば、好きな女の子からかかってきて、両親に出られると困るから、時間を決めて電話の前で待っていたものです。これも親子の関係性のひとつになっていたのです。なぜなら、親を意識しているからです。

テレビでも昔は取り合いでした。そうすると、ただテレビを観る順番が回ってくるだけではなくて、そこに譲ることも覚えてくるわけです。そうやって家族と関係し合って生活してきたのです。私の三人の娘にはそれぞれテレビがあります。自分の好きな時間に部屋に閉じこもって見ることができますから、関係し合わないのです。時には同じ番組を別々の部屋で見ているということが多々あります。便利になると、関係性が希薄になっていくのです。

今は家族が基本ではなくなってしまいました。人材と言われるように役に立つか立たないかという価値で人間を評価する時代です。ですから自分の社会的立場が基本になっているのです。世間から自分がどう思われているのかがすべてになってしまいました。肩書きがすべてです。例えば「私は住職です」と言っても、たかが知れているのです。大体、住職イコール私ではないのです。たまたま住職という形をとって、その中で皆さんに出遇っておいていただくのであって、住職という立場が私ではないのです。しかし、社会的立場が自分ということになると住職イコール私になってしまいます。そこにしがみつく社会なのです。だから私は○○会社の重役であるとか、社会人何年やっていますとか、そっちの方がよほど大事になってしまっています。

現代は自己の確立といいながら、実は他人に映る自分に振り回されているのです。他人がどう思っているかが一番大事だと。社会的立場を保ってお金を得ていくことができれば、あとはすべて財布の開け閉めで済んでしまいますから、特に家族を必要としなくなっていくのです。私の寺の総墓（みんなの墓）を新しくしたのですが、一家が絶える人たちがいずれ希望されるのが基本だと思っていましたら、「長男も次男もいるけれども誰もお墓を守ってくれないので、それでは先祖に申し訳ないから、自分が生きているうちに新しい総墓に改葬していただけませんか」という相談がいくつかあるのです。完全に家族関係が希薄化しています。このようなことが現実に起こっている状況です。けっして他人ごとではないのです。

そして、その状況はめまぐるしく変化しており、速くてついていけません。現代は、社会的立場を基本としていますが、その立場は変わりゆくのです。この前、大学時代の同窓会がありました。「うちの旦那が定年退職になって腑抜けになっちゃって、行く所がないからいつも私にくっついてくるのよ。疲れてしまう」なんて話しているのです。結局、仕事をしていた時は良かったのですが、仕事イコール自分になってしまっているので、仕事がなくなると自分もなくなってしまうのです。仕事をやめた自分はちゃんと生きているのに、そのことがわからなくなってしまっている、そういう状況で生きているわけです。やはりかけがえのない存在という、存在そのものの尊さがわからなくなった時代です。

■人間の自我が破れて

先ほど話した徳永進先生の野の花診療所での数々の出来事は、私たちに本当の願いとはどういうことかのヒントを与えてくださいます。徳永先生の本からひとつ引用してみたいと思います。徳永先生の病院に入院した七十八歳の肺癌末期の中野さんという方のお話です。先生の本には次のように書かれています。

「尊厳死を、先生、尊厳死をよろしく頼みます」

嗄《か》れた声でそう言ったのは七十八歳の肺癌の中野さん。一年前に手術を受けたが、癌は両肺に無数に転移した。脊髄にも転移して歩行はできず、寝たきり、外科医から病状の説明を受け余命の長くないことを知って、七月、内科病棟に入院した日の第一声が「尊厳死を」だった。

言われたぼくの前で「尊厳死」という言葉は硬いコンクリートの破

片のようになってぼくの中にはいってはこず、中野さんの口から放出されたまま、ぽあんぽあんと病室に浮遊している感じだった。

（『死の文化を豊かに』）

「尊厳死」という言葉がまったく感動も何も呼ばず、しらけた雰囲気が漂っていたということは、なぜかということです。その後、だんだんと中野さんは病状が悪くなって死が近づいてきます。

病状は進み、中野さんは目も開けなくなり、しゃべらず、何も食べなくなった。目も口ものりかアロンアルファでくっつけて閉じられているような状態になった。廊下で奥さんが言った。京都の短大に行っている孫娘が七月末に帰ってくるので、それまで生きさせてやって欲しいと。「おじいちゃん、あの娘が一番好きでした」。中野さんご夫婦には一人っ子の娘がおり養子さんをもらわれてできたのが一人っ子の孫娘だった。

「お孫さん、帰ってくるんだって。お孫さんの名前、分かるー?」。

耳元で大きな声で言ってみた。（同前）

最後は動けなくなっても耳だけは聞こえているようですね。うちのお寺の亡くなった責任役員さんも、最後はまったく動けなくなったのですが、お孫さんがイヤホンで「正信偈《しょうしんげ》」を聞かせたら、動けないままに涙を流されたということがありました。とても感動しました。最後まで耳は聞こえるのですね。

聞こえないのかと思った中野さん、まぶたを動かしているみただった。口もモグモグ。唇のアロンアルファがとれてしゃべろうとしている。「ゆ、ゆ、ゆか」。中野さんはしゃべった。おばあちゃんの顔を見ると涙を浮かべて頷いている。お孫さんの名は由香さんだった。

七月の終わり、鳥取駅着二十一時五十九分の終列車で由香さんは帰ってきた。おじいちゃんに久しぶりに会った孫娘が夜中の内科病棟のロビーでぼくに訊ねた。「四月に会った時に比べて、とってもやせていて、先生、おじいちゃん、治らないんですか？　なんとかならないんですか？」。

ぼくは答えた。「ううん、おじいちゃん、もう死ぬ。あなたが、おじいちゃんの亡くなるのを見てあげて。おじいちゃん、あなたが一番好きだって」「えっ、は、はい」と背の高ーい、日本人形のような由香さんはためらいがちに答えた。（同前）

それで、由香さんはおじいちゃんに会いに行くわけです。会いに行った後、「何て言ってた」と、徳永先生が聞かれました。

「おじいちゃん、何か言った？」「ええ、言いました」と由香さんは答えた。（同前）

おじいさんは何と言ったと思いますか？「ゆか、尊厳死を」と言ったと思いますか？　尊厳死の「そ」の字も発することはなかったのです。

「『ゆか、お帰り。ゆか、勉強しょうるか』と言っていました」。

それを聞いてぼくは、よかった、と思った。中野さんが由香さんにしゃべった言葉たちはコンクリートの破片ではなく、病室にぼあんぼあんと浮遊しているのでなく、お互いの体の中に入っていった、と感じた。

（同前）

これが、おじいさんの発した言葉です。おじいさんの思いの中で尊厳死という言葉がひとり歩きした状況から、由香さんがあらわれることによって、心の奥底から生き生きとした言葉が発せられた。それが「ゆか、お帰り。勉強しょうるか」という言葉だったのです。関係性が崩壊した現代といいましたが、人間は関係を通して自分が自分として受け止められるのです。だから自己は確立するものではなく、関係を自己として生きていますから、常に新しい自己が生まれ続けるのです。癌の病状は変わらなくても、由香さんの存在によって、病気のままに、何も足さない何も引かない何の価値づけのいらないおじいさんを取り戻したのです。「自体満足」の相《すがた》です。こう生きなければならない、こうして死んでいかねばならないという思いから解放されて、生きてあることそのものに帰っていかれたのでしょう。その後、おじいさんは亡くなっていかれたのですが、尊厳死の内実は、ありのままの自分を取りもどした相で亡くなっていくことではないでしょうか。「存在の成就」です。

先ほどの話でいえば、おじいさんは、由香さんの存在によって七歩の世界にふれたといってもいいでしょう。自分からは七歩の世界には行けません。自分の思いを超えた七歩の世界は、呼びかけられて目が覚めるという形しかありません。由香さんは黙っておじいさんを見ていたのか、何か言葉をかけたのかはわかりませんが、由香さんの存在がおじいさんの思いの世界を翻すメッセージ性をもっていたのでしょう。

おじいさんの頑固な思いが破られて、由香さんとそのまま向かい合ったおじいさんこそ、無分別にふれたそのままのおじいさんの相なのでしょう。由香さんはおじいさんが自分をとりもどす縁となったのです。由香さんによって等身大のありのままの自分を引き受けていくということが「往生」という言葉で語られるのでしょう。死んでから「往生」するのではありません。自分の思いでは絶望でしかない、その自分の捉われがひっくり返ることが往生道を生きる出発点ですね。それは「尊厳死を」と叫ぶ自分の思いによる苦しみから、その苦しみの奥深くはたらいている本願を感受する生への転換なのでしょう。病室の中は浄土の功徳に満ちていたと言っても過言ではありません。

■「如是我聞」の歴史・本願に生きる

どんな状況であろうと、私をとりもどして生きることがおじいちゃんの尊厳死の内容なのです。死んだら尊厳死ではないのです。また、死に方を問題にしているのでもありません。尊厳死をいただくということは、生きてあることそのものが尊い、そのことに頷けるかどうかです。「私が私で良かった」というものをいただくことなのです。そしてこの話は、真宗の教えそのものです。まさしく南無阿弥陀仏の中の出来事でした。

真宗の教えは頭で聞くものではありません。身で聞けと言われますね。「三帰依文《さんきえもん》」の中に「大道《だいどう》を体解《たいげ》して、無上意《むじょうい》を発《おこ》さん」とあります。理解ではなく「体解して」です。頭ではなく、身で領くのです。徳永先生の言う、体の中に入ってくるということです。

このおじいさんは、きっと尊厳死を主張する自分を「愚かな凡夫だな」と領かれたのではないでしょうか。どうでしょうか。自分の愚かさに気づかされると新しい生き方が始まるのです。これが私に先立って、阿弥陀さんから願われているのです。しかし、人間は自分の思いが強いから、なかなか目覚められません。ですから、教えがあの手この手と言葉を使って私たちに呼びかけてきたのです。それが仏教の、本願の歴史です。その呼びかけが聞こえてきて頷かされた人たちが伝えてきたのです。私に呼びかけが聞こえてきて頷かされましたという「如是我聞《にょぜがもん》」の歴史なのです。

経典には経典成立の条件として六成就《ろくじょうじゅ》（信・聞・時・主・処・衆）が説かれています。経典成立の条件と言いますが、実は人間が人間として成就する内容を表していることに最近気が付きました。「時・主・処・衆」は関係件の大切さです。現代は時間（時）、空間（場、処）、仲間（人と人、主・衆）の三間が喪失した時代です。しかし、この関係性が回復しただけではまだ不十分なのです。自分に出遇い、他者とも出遇う本当に開かれた関係になるかどうかは、その場を通して、自分の思いを超えた何か大切なメッセージが聞こえてきて、それに深く頷かされなければなりません。仏教はそのことを「如是我聞」、〃私にこのように聞こえてきて頷かされお育てをいただきました〃と言うのです。仏教はこれが生きる上で大切なことだと呼びかけているのです。誰もが、自分の思いを超えた、自分が深く頷けるものに出遇いたいのです。

こういう関係の中から自分の自我構造よりもっと深い本願が生き生きと胎動していることに頭が下がって、このように「如是我聞」と語られるのです。これを「六成就」といいます。経典は人間が回復される内容が説かれていますから、六成就が経典成立の大事な内容であるということとは、人間が人間として成り立つ内容そのものであることを教えられるわけです。

親鸞聖人は、人間は六道という自分の思いから一歩も出られない、そういう深い悲しみがあることを教えてくださいます。人間は救われがたき存在だと。ですから、お釈迦様の七歩の世界、これは凡夫を超えた阿弥陀さんの世界、「浄土」ですね。浄土からのメッセージを受け取らないと救われません。自我が自我を破って、浄土の世界を感得することはできませんが、浄土からのメッセージとして受け取ることはできます。浄土とは本願の世界、本願が南無阿弥陀仏と言葉になった世界として、自分の思いに苦しみ、本当の願いを見失った私たちを目覚ますはたらきとして親鸞聖人は受け取られたのです。

苦しみや迷いはなくならないけれど、苦しみがあるのは願いがはたらいているからだと親鸞聖人はおっしゃっています。凡夫である以上、迷いはなくなりません。むしろ堂々と凡夫の迷いの身に帰って生きていくことができるのです。つまり、凡夫の身のままに如来の眼から人生を見直す視座をいただくのです。

■生きる力への転換「往生」

「正信偈」の中に、

如来所以興出世《にょらいしょいこうしゅっせ》　唯説弥陀本願海《ゆいせみだほんがんかい》

（真宗聖典二〇四頁）

というお言葉があります。如来の「如」というのは、前にもふれましたが、「真実」とか「本当」という意味です。「真実（如）」が愚かな私に来るということです。お釈迦様に如来をつけられているのは、お釈迦様に「真実」がはたらいている、つまり、お釈迦様が本願に生きられたという点で如来だと、親鸞聖人は敬《うやま》われておられるのです。この部分を現代語で言えば「お釈迦様が私たちに先立って、この世に誕生してくださったのは、海よりも深く私一人の、そして一切の人たちの心の奥深くに共通してはたらいている本願を説くためでした」といただくことができるでしょう。私に先立ってお釈迦様が本願を顕らかにし、この苦悩の現実に身をおきながらして、本願に出遇う道を証してくださったのが親鸞聖人だと言うことができるでしょう。その本願の歴史がこの私に届いているということが本当にありがたいことです。

浄土宗のひとは愚者になりて往生す（『末燈鈔』真宗聖典六〇三頁）

とのお言葉にもありますように、この場合の浄土宗というのは宗派の名ではなくて、浄土を依り処にして生きる人たちという意味ですが、浄土、つまり本願の世界にふれることを通して、自分の思いに振り回されて現実を受け止めることができないこの私が、本当に愚かだったと頭が下がった時に往生が始まるのです。愚かさ（凡夫）に帰れば、本当の生き方が始まるのです。私の言葉で言うと、「往生とは苦悩が生きる力に転換される」ことなのです。迷いはなくなりませんが、本願念仏がいつも寄り添って呼びかけるので、自分の思いを翻して生きることができるのです。つまり、安心して迷える道を歩み始めるのです。

はじめに、生まれることは「生苦」だと言いました。自我分別をもって生まれるからです。そして、現実の中で自分の自我分別によって、苦悩するのです。自分の思い、それは思い通りにしたいということですから、思い通りにならないことを排除しようとします。つまり、自分の都合のよいいのちしか受け止められないのです。しかし、思い通りにならないことが生きるということです。その自分の思いが本願にふれて転じられることによって、どんな状況でも受け止めて生きようとする本願の意欲があたえられるのです。それはどこまでも愚かさに帰っていく一点です。仏になる身として往生道を歩み続けていく。そして、いのち終わる時に、私の上に開かれている浄土に到って、人生を成就する身（成仏）とさせていただくのです。往生即成仏です。そう言えるのはそういう歩みをしてきたからです。死んだら仏では、今を生きる力が湧いてきません。むしろ、現実の苦悩から目を背けてしまいます。つまり、死ぬことで仏になって解決するならば、現世で苦悩しなくても早く死んでしまえばいいということになってしまいます。苦悩を抱えているからこそ本願に出遇い、自分に出遇うことができるのです。

ですから、亡くなった時に御愁傷様と言いますが、御愁傷様と言わねばならない誕生が、本願にふれて、自分の愚かさに気づき、如来の眼から人生を見つめ直す歩みが始まったら、亡くなった時は、人生の成就、存在の成就です。それを往生した、成仏したというのですから、間違いなく「おめでとう」ではないでしょうか。亡くなる時は「いろいろなことがあったけども、誰も代わることのできない尊い私の一生だった」と頷けたら「おめでとう」の人生ですね。

このことを自分の問題として聞いていくことです。自我で受け取ってわかったつもりになると、本願にふれていない人は、ご愁傷様の人生になるといった差別性を生んでしまいます。また他人に向かって言うことでもありません。これこそ、まさしく「善」に迷っている相です。

自分を抜きにしての聞法はありえません。自我が破られ本当に頷かされた時、真宗門徒であろうがなかろうが、誰もが業縁を生きる凡夫であるのだから、共通していただく課題である世界に目覚めます。「「凡夫《ぼんぶ》」は、すなわち、われらなり」（真宗聖典五四四頁）です。凡夫の自覚が、どの人たちとも真の関係を開いていく方途となるのではないでしょうか。

真宗の教えは、日頃の価値観から言うとさっぱりわからないのですが、自分の身を通すと頷けることもあるでしょう。というより、間に合わない時に本願が顔を出すのです。教えも実は出遇うものです。自分も関係を通して生まれ続け出遇い続けるのです。すべてご縁です。わからないままに聞いていきたいという気持ちを大切に、今後も聴聞してまいりたいと思います。

あとがき

本書は、東京教区埼玉組一心寺にて行われた「宗祖親鸞聖人御誕生会」（二〇一三年五月三日）での本多雅人氏の記念講演「誕生と往生」の内容を基に加筆・修正をいただき、刊行したものです。

誕生と往生、この二つの事柄について、私たちは「誕生」はめでたく明るいものであり、「往生」は、死を連想させ暗いものであるとどこかで認識しているように思います。その認識からすれば、本書冒頭で述べられる「仏教の眼に照らすと、「誕生」ほど暗いものはないのです。「往生」が明るいのです」との言葉に、驚きを覚えるのではないでしょうか。

本書において著者は、仏教から見る誕生と往生について、身近な話題や現代の諸問題をとおして問い尋ねてくださっています。その中で、人として生を受けた身は、自我に振り回される苦しみから逃れることができないけれども、その苦しみを抱えたままで生きていくことができる教え、南無阿弥陀仏によって、我が身のあり方に常に帰り、仏になる身として歩み続けていくのが往生の道であると示してくださっています。そして、往生の道を歩み始めたならば、亡くなった時にこそ「おめでとう」の人生ではないかと、最後に投げかけておられます。南無阿弥陀仏の教えによって、私たちは誕生から往生までの人生を、迷いながらも安心して生き抜いていく力を賜るのでしょう。

宗派では、二〇二三年に宗祖親鸞聖人御誕生八百五十年・立教開宗八百年慶讃法要をお迎えします。本書が、念仏の教えを顕らかにされた宗祖の御誕生とその生涯を尋ねる、また、自身の誕生からはじまる人生の歩みを、念仏をとおして確かめていくご縁となることを念願しております。

最後に、本書の発行にあたり、ご許可を賜りました一心寺様、また、ご多忙の中、編集にご協力いただきました本多雅人氏に心より御礼申し上げます。

二〇二二年七月

東本願寺出版

著者略歴

本多雅人（ほんだ　まさと）

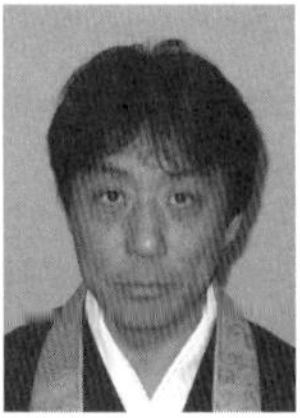

1960年、東京都生まれ。真宗大谷派東京教区東京二組蓮光寺住職。東本願寺同朋会館教導。元親鸞仏教センター嘱託研究員。元高校教員。2006年8月号より2019年6月号まで、東本願寺の『同朋新聞』「人間といういのちの相」のインタビュアを勤めた。著書に『今を生きる親鸞』（共著・樹心社）、『親鸞ルネサンス』（共著・明石書店）、『関係を自己として生きる　―つながり合い、支え合う世界―』（真宗大谷派大谷婦人会）、『愚に帰る』（名古屋別院叢書）、『安心して迷いながら生きられる道』（三条教務所）、『人間といういのちの相』（Ⅰ、Ⅱ、Ⅴ　共著）、『ぽけっと法話集』（共著）、『大きい字の法話集②』（共著）、『仏教のミカタ』（共著）（以上東本願寺出版）ほか多数。

誕生《たんじょう》と往生《おうじょう》

2022（令和4）年7月15日 第1刷発行

著　者　本多　雅人
発行者　木越　渉
発行所　東本願寺出版
（真宗大谷派宗務所出版部）

〒600-8505　京都市下京区烏丸通七条上る
TEL 075-371-9189（販売）
075-371-5099（編集）
FAX 075-371-9211

表紙デザイン　ツールボックス
印刷・製本　凸版印刷株式会社

ISBN978-4-8341-0656-5　C0215